qui suis-je?

une araignée

Texte de
Alexandra Parsons
Photographies originales de
Jerry Young
Illustrations de
Mark Iley, John Davis et Polly Noakes
Traduit de l'anglais par Marie Farré

Gallimard

Conseiller éditorial : Antoine Reille,
secrétaire général des journalistes pour la nature et l'écologie
Animaux photographiés prêtés par
Trevor Smith's Animal World

ISBN 2-07-031601-7

Dépôt légal septembre 1990 - N° d'édition 48495
Imprimé en Italie par A. Mondadori Editore, Verona

Sommaire

Qu'est-ce qu'une araignée ?

Il y a environ 30 000 espèces d'araignées dans le monde. Tu as peur d'elles ? Pourtant, la plupart ne font pas de mal. Elles sont utiles car elles mangent beaucoup d'insectes.

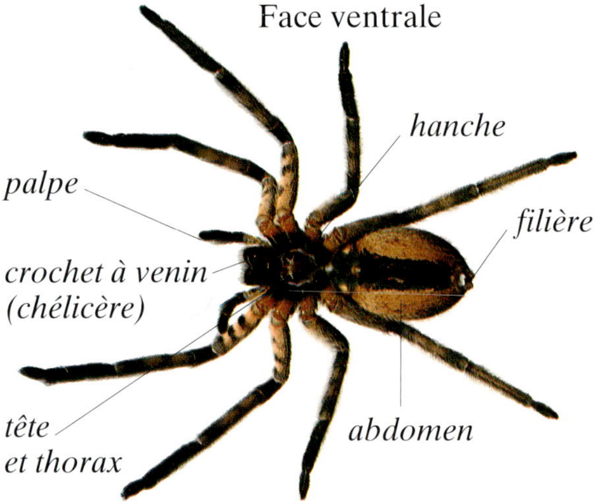

Quelle goulue !
Toutes les araignées tuent des insectes pour se nourrir. Elles les agrippent et les immobilisent à l'aide des crochets à venin. Puis elles couvrent leur proie de sucs digestifs : l'intérieur de l'insecte devient de la bouillie que l'araignée aspire.

Pauvre Arachné !
Les araignées sont des arachnides, comme la tique et le scorpion. Dans la mythologie grecque, une jeune fille nommée Arachné gagna un concours de tissage contre la déesse Athéna. Celle-ci, furieuse, tua Arachné. Mais prise de remords, elle la changea en araignée fileuse.

Les araignées ont 8 pattes munies chacune de 7 jointures, ce qui fait 56 articulations !

Contrairement au corps de l'insecte divisé en trois parties – tête, thorax et abdomen – celui de l'araignée se scinde en deux : tête soudée au thorax et abdomen.

mince fil de soie émis par la filière

Elle t’a à l’œil !
La plupart des araignées possèdent deux rangées de 4 yeux, soit 8 en tout.

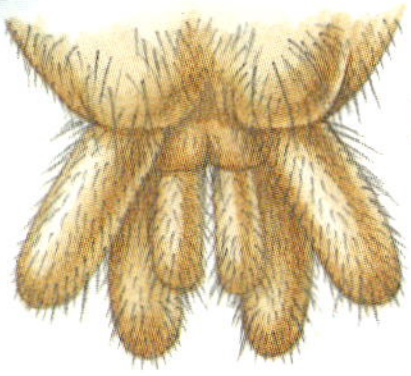

Filière

Une fileuse
Les araignées tissent leur soie grâce à de minuscules tubes : les filières. La soie, d’abord liquide, durcit à l’air ; elle devient un fil fin mais très résistant.

Les araignées n'ont pas d'os. Les organes sont protégés par une peau très dure, la cuticule.

Des pattes antidérapantes
Beaucoup d’araignées grimpent sur les murs et marchent au plafond, grâce aux ventouses qu'elles ont sous leurs pattes.

Une peau de rechange
Quand l’araignée grandit, sa peau devient trop étroite et se déchire sur le dos. Elle s'en extrait à l'aide de ses pattes. On dit qu'elle mue.

Des amies de la nature

Les araignées domestiques ou des jardins sont très répandues. Si tu en vois une, surtout ne la tue pas. Grâce à elle, tu auras moins de mouches chez toi ou de punaises dans ton jardin.

Piège à glu
L'araignée des jardins tisse une belle toile en spirale pour attraper les insectes volants. Le centre est fait d'un fil très collant qui les retient prisonniers lorsqu'ils s'y posent.

Les grands palpes sont très sensibles aux vibrations de la toile.

Que de monde !
Il y a des milliards d'araignées dans le monde. Imaginons que chacune mange un insecte par jour… Au bout d'un an, toutes ces araignées auraient mangé ensemble des tonnes d'insectes !

Cette épeire diadème ou araignée des jardins, a deux yeux sur le sommet de la tête.

Un animal de compagnie
L'araignée domestique est un animal familier.
Elle se nourrit d'une seule mouche par jour et a besoin d'un peu d'eau.

Près de maman
Certaines femelles pondent leurs œufs dans un cocon de soie. Cette araignée le transporte quand elle fait le tour de sa toile. Vois-tu la pelote de soie qui pend de son abdomen ?

Miam miam !
Il y a deux cents ans, le savant Thomas Muffet étudiait les araignées. Quand sa petite fille était malade, il lui faisait manger de la bouillie d'araignées ! A cette époque, c'était un remède commun pour soigner les rhumes.

Drôle de ménagère
L'araignée domestique mange salement. Sa toile ressemble à un petit hamac répugnant. Elle crache les morceaux d'insectes trop durs à avaler et ne fait jamais le ménage.

La peau de l'araignée est huileuse et ne colle pas à ses fils de soie.

S'il y a une araignée chez toi, elle est sans doute près des points d'eau, dans la baignoire par exemple.

M'as-tu vu ?
Les épeires diadèmes femelles ont souvent de beaux dessins sur le dos. On pense qu'ils attirent les mâles.

Géantes et velues

La tarentule du Chili est l'une des plus grosses araignées du monde. Elle peut manger des souris et des petits oiseaux.

Un animal sensible
Les araignées possèdent de nombreux yeux mais la plupart ne voient pas très bien. Elles s'orientent grâce aux poils très sensibles de leurs pattes et de leurs palpes.

Dansons la tarentelle !
Originaire du sud de l'Italie, la tarentule a la réputation d'être venimeuse. On croyait que pour guérir de sa morsure, il fallait danser… une danse appelée tarentelle !

Immonde bête velue
Quand on l'attaque, la tarentule s'arrache les poils urticants de son dos et les jette vers son agresseur.

Au secours !
Certaines personnes sont atteintes d'arachnophobie : elles sont terrifiées par les araignées.

fortes pattes pour creuser des terriers

Petites bêtes, grosses bêtes

La plus petite araignée du monde habite sur l'île de Samoa, dans le Pacifique. Elle n'est pas plus grosse qu'un point final. La plus grande vit dans la jungle d'Amérique du Sud. Pattes étendues, elle mesure 25 centimètres de long et remplirait une assiette à ras bord !

Jeunes veuves

Les tarentules femelles vivent plus de vingt-cinq ans, trois fois plus longtemps que les mâles.

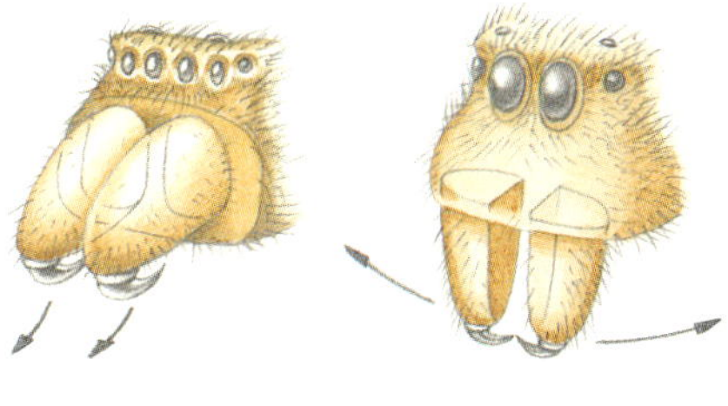

Bien des mâles sont plus petits que les femelles, mais leurs pattes sont aussi longues.

Griffes ou pinces

La plupart des araignées ont des crochets opposés, en forme de pinces. Les plus grosses, comme les tarentules les utilisent pour aspirer les sucs de leurs proies.

Araignées d'eau

Les araignées qui vivent à la surface de l'eau ou en dessous ont besoin d'air pour respirer. Elles apportent des bulles d'air dans leur toile, qui leur sert de nid.

Tu peux reconnaître l'argyronète à son corps sombre et à ses bandes claires.

Cloche de plongeur
Cette araignée d'eau tisse une toile en forme de cloche, sous l'eau. Elle y glisse une bulle d'air qu'elle accroche à une herbe. Cette poche d'air sera sa maison aquatique.

Comment refaire le plein ?
Pour renouveler l'air de sa toile, l'araignée remonte à la surface, accumule de l'oxygène et ramène sous l'eau des petites bulles d'air fixées entre les poils de son corps.

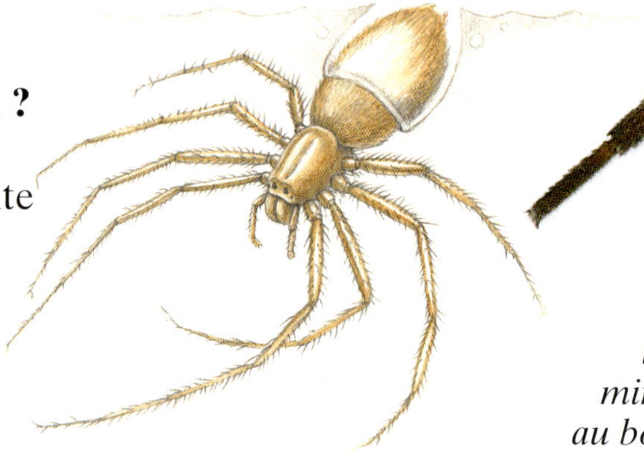

Comme la plupart des araignées, l'argyronète a de minuscules griffes au bout des pattes.

Elle court sur l'eau
L'argyronète est assez grosse, mais elle peut marcher et patiner sur l’eau sans couler car elle avance à grands pas, rapides et doux.

Peau douce et neuve
Toutes les araignées muent. Quand elles grossissent, elles quittent leur ancienne peau, ou cuticule, et revêtent une enveloppe toute neuve mais molle. Pour la durcir, elles s'exposent au soleil quelques heures.

Pattes de rechange
Les pattes des jeunes araignées repoussent lorsqu'elles se cassent, ce qui arrive souvent.

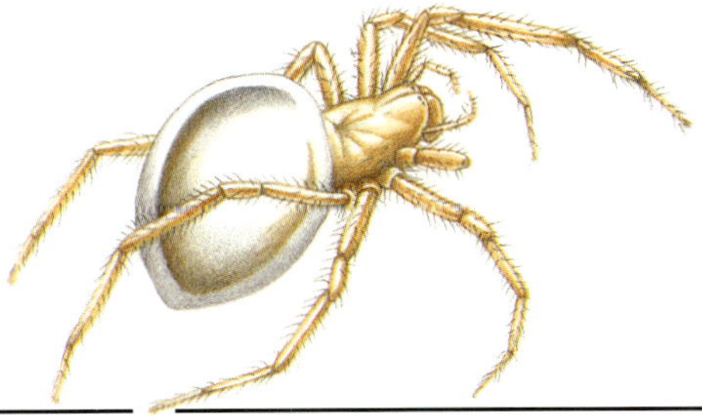

Ça mord !
Les araignées qui vivent au bord des marais se nourrissent de minuscules poissons, les vairons. Pour attirer leur proie, elles trempent leurs pattes dans l'eau et attrapent le poisson lorsqu'il remonte à la surface.

Le diable sort de sa boîte

Les mygales maçonnes et les atypes vivent dans des terriers. Chacune construit un piège de soie à l'entrée de sa tanière. À l'approche d'une proie, elles bondissent comme un diable jaillit de sa boîte.

A l'affût !
Une mygale maçonne passe presque tout son temps dans son terrier à attendre qu'un insecte passe devant sa porte.

Un grand appartement
Certaines mygales bâtissent plusieurs pièces dans leur terrier : l'une sert de salle à manger, l'autre de chambre d'enfants et la troisième d'abri en cas d'inondation.

Cette araignée a une carapace brillante sur la tête et sur le thorax. Son abdomen duveteux est beaucoup plus mou.

Voisin, voisine
Les araignées fouisseuses, comme les mygales, vivent en solitaire. Si l'on en trouve beaucoup dans un même territoire, cela ne veut pas dire qu'elles aiment la compagnie... mais que c'est un bon endroit pour creuser des terriers.

Un garde-manger
Si une araignée attrape un insecte alors qu'elle n'a pas faim, elle le paralyse avec son venin et l'emmaillote dans de la soie. Quand elle aura un petit creux, un bon repas l'attendra.

L'araignée « bouchon »
Il existe une mygale dont l'abdomen a la forme d'un nez de fusée. Quand on la poursuit, elle dégringole dans son terrier et bouche l'entrée avec son corps dur et plat.

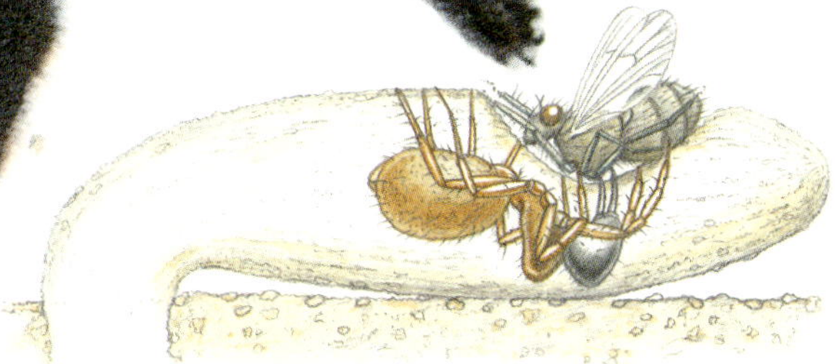

On trouve des mygales surtout dans les régions tropicales. Celle-ci provient du sud des Etats-Unis.

Une prison de soie
L'atype femelle vit dans un tube de soie qui a une partie aérienne. Quand un insecte tombe dans son piège, elle déchire le tube et mord sa proie.

Les unes sautent, les autres crachent

Toutes les araignées n'attrapent pas leur déjeuner dans leurs toiles. Certaines bondissent sur leurs proies, d'autres leur lancent un jet de venin gluant.

Une championne
Une araignée sauteuse ou saltique peut faire des bonds de 40 fois sa longueur.

Les pattes d'une araignée sauteuse sont courtes et très fortes.

Corde de sûreté
L'araignée sauteuse chasse les insectes comme un chat les souris. Mais avant de bondir sur sa proie, elle s'amarre au sol avec un fil de soie.

Lentement mais sûrement
L'araignée qui crache se déplace lentement mais elle est capable d'attraper une mouche en plein vol. Elle piège l'insecte par surprise en lui lançant un jet de venin gluant qui le plaque au sol.

Une sauteuse tout terrain
On trouve des araignées sauteuses partout dans le monde, en Europe, en Amazonie et même près du sommet de l'Everest, la plus haute montagne du monde. Ce spécimen poilu vient d'Egypte.

Regarde où tu sautes !
L'araignée sauteuse a une vue étonnante : avec deux yeux énormes au milieu de la tête, quatre au sommet et un de chaque côté, elle n'a pas besoin de tourner la tête pour voir dans toutes les directions.

Casanière
L'araignée qui crache n'aime pas beaucoup sortir et jouer dans les jardins. Elle préfère rester à l'intérieur des maisons.

Chacun ses goûts

Les araignées aiment agir à leur façon. Les unes ne mangent pas n'importe quoi, les autres ne chassent pas n'importe comment.

Le camouflage

Certaines araignées crabes grimpent sur des fleurs de la même couleur qu'elles. Comme des pétales, elles restent immobiles, attendant qu'un insecte vienne se jeter dans leurs pattes.

Chasse au lasso

L'araignée « bolas » adore les papillons de nuit et utilise une ruse très habile pour les attraper. Elle répand d'abord une odeur spéciale qui les attire. Puis elle saisit un fil de soie terminé par une boule visqueuse et le fait tourner comme un lasso. Les insectes s'approchent, intéressés, et hop ! les voilà collés.

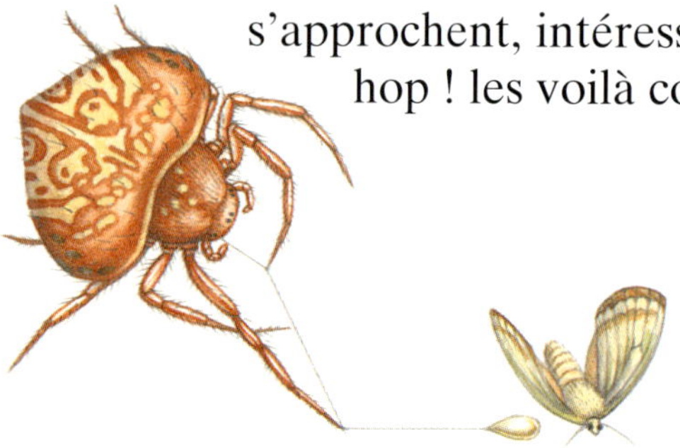

Sœurs ennemies

Les araignées ne se font pas d'amies. Si tu en mets deux dans une boîte, elles se battront jusqu'à la mort.

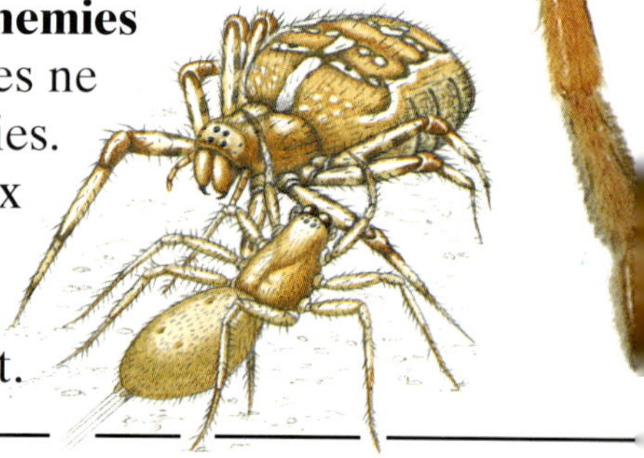

Le mimétisme
L'araignée « rétiaire » vit dans la jungle, perchée sur les arbres. Pour échapper à ses prédateurs, elle s'aplatit contre une branche et se confond presque totalement avec elle !

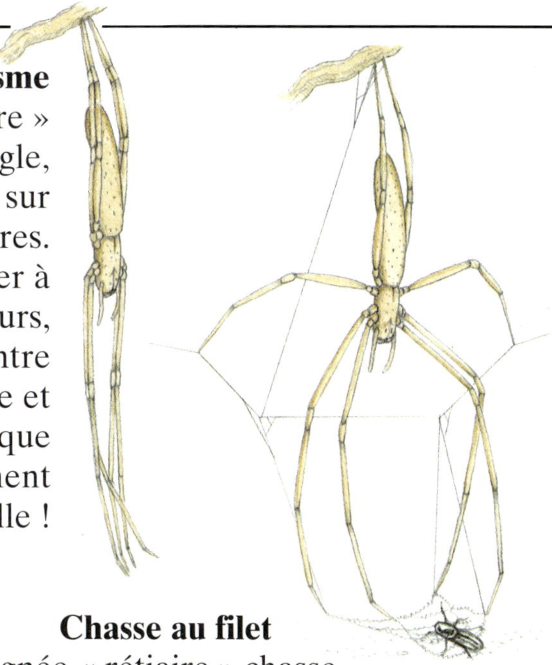

La morsure de l'araignée crabe, mortelle pour les insectes, est sans danger pour les hommes.

Chasse au filet
L'araignée « rétiaire » chasse d'une façon originale : elle tisse entre ses pattes un filet collant qu'elle lance sur sa proie.

Rien ne se perd
Les araignées ne jettent pas leur toile usagée, elles la mangent. A l'intérieur de leur corps, cette soie est recyclée pour en donner une neuve.

Cafards à goûter
L'araignée « banane » n'aime pas les bananes mais les cafards qui vivent dessus.

Une veuve dangereuse

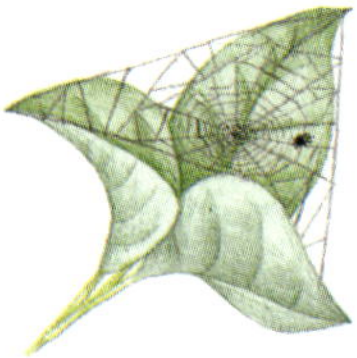

La morsure de la veuve noire peut tuer. Heureusement, elle fuit presque toujours les hommes et ne mord que si on la dérange.

Fausse alerte !
Cette araignée, parfaitement inoffensive, est une fausse veuve noire. Elle ressemble beaucoup à la vraie mais n'a pas de taches rouges sur l'abdomen.

Tu peux facilement reconnaître une vraie veuve noire aux taches rouges de son abdomen.

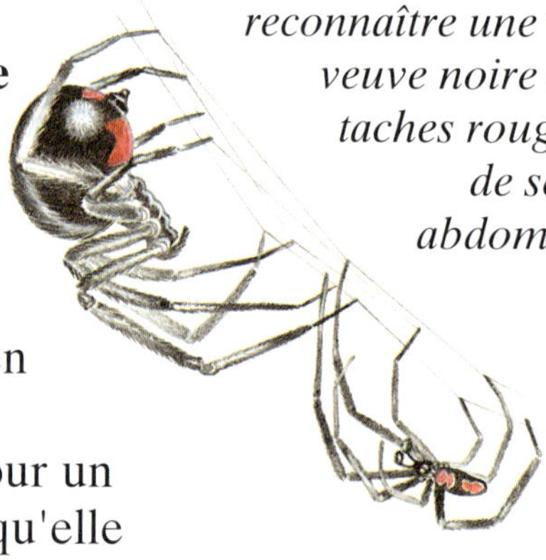

Le repas de la veuve
Pour un mâle, séduire une femelle est une aventure pleine de risques, car il est bien plus petit qu'elle ! Il pourrait passer pour un insecte appétissant qu'elle n'hésiterait pas à dévorer.

Cadeau de fiançailles
Pour ne pas être mangé par la femelle, le mâle lui apporte un cadeau. Une petite punaise fraîche enveloppée de soie fait souvent l'affaire.

Pinces de scorpion au menu
La veuve noire est une petite araignée timide qui n'aime pas se battre. C'est pourquoi son venin est si puissant. Quand un gros scorpion ou un lézard se colle à sa toile, elle lui mord la patte et... le déjeuner est prêt !

De gentils petits frères
La veuve noire colle son sac à œufs sur une branche et attend leur éclosion. Les bébés araignées n'ayant rien à manger, ils se dévoreront entre eux. Sur 100 bébés, 25 peut-être survivront.

L'entonnoir de la mort

Grande et noire, la tarentule d'Australie est l'une des plus dangereuses araignées. Ses énormes et puissants crochets peuvent transpercer un os.

Crochets à venin

Toutes les araignées ont des morsures venimeuses dont certaines sont dangereuses pour l'homme. Heureusement, on sait comment les soigner.

Un excitant !

Des pesticides qui tueraient d'autres araignées ne font que mettre la tarentule de mauvaise humeur.

Draps de soie

La tarentule d'Australie vit sous terre, où il fait humide et frais. Elle tapisse son terrier de couches de soie et y dort tout l'hiver.

Prudence !
L'araignée la plus dangereuse du monde est l'araignée coureuse du Brésil.

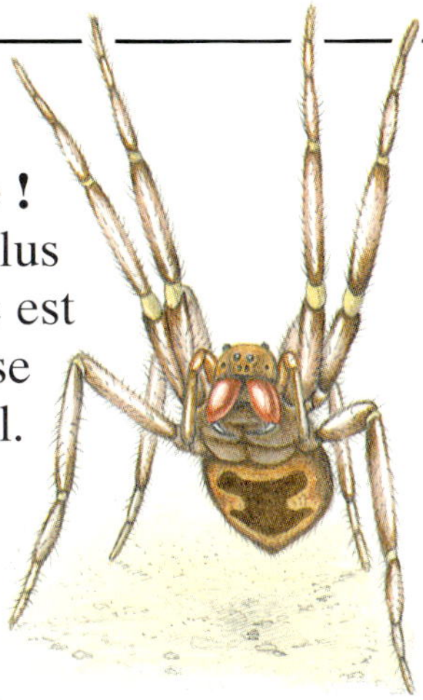

Croche-patte
La toile de la tarentule d'Australie a la forme d'un entonnoir dont le bout étroit conduit à l'intérieur du terrier, et la partie évasée à l'entrée. L'araignée tisse autour de sa toile de minces fils secondaires. Elle les sent vibrer à l'approche d'une grenouille ou d'un lézard.

Les pattes sont recouvertes de poils épais alors que le corps est lisse.

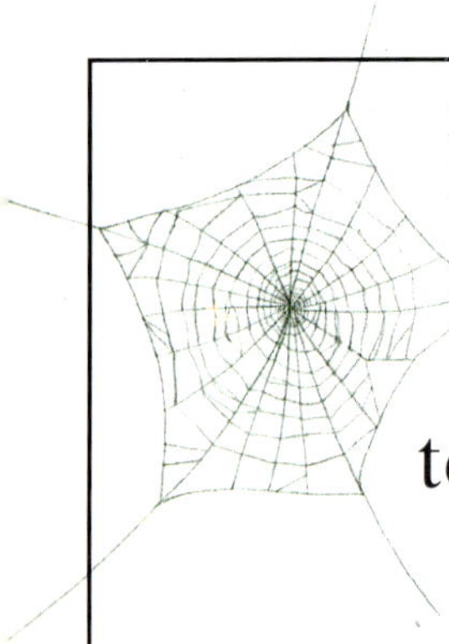

Les fileuses

Certaines araignées fileuses tissent de belles toiles en forme de cibles tendues entre deux supports.

Les araignées volent-elles ?
Les araignées n’ont pas d’ailes et ne peuvent donc pas voler. Mais certaines, minuscules, sont emportées par le vent. Suspendues à leurs fils de soie comme de petits parachutes, elles peuvent parcourir des centaines de kilomètres.

Une championne de course
L’araignée la plus rapide du monde peut courir 330 fois sa propre longueur en dix secondes. L’homme ne court que 50 fois sa taille dans le même temps.

Une soie plus forte que l’acier
Un fil de soie d'araignée est trois fois plus résistant qu'un fil d'acier de la même épaisseur.

L'instinct de filer

Chaque espèce bâtit sa toile à sa manière. De même que tu nais en sachant pleurer ou téter, l'araignée sort de l'œuf en sachant filer.

Pour filer sa toile, cette araignée cribellate utilise de longs fils de soie sécrétés à travers des trous dans une partie de son abdomen.

SOS araignée !

Si tu te coupes, pose une toile d'araignée propre sur ta blessure : tu ne saigneras plus et la plaie se cicatrisera plus vite.

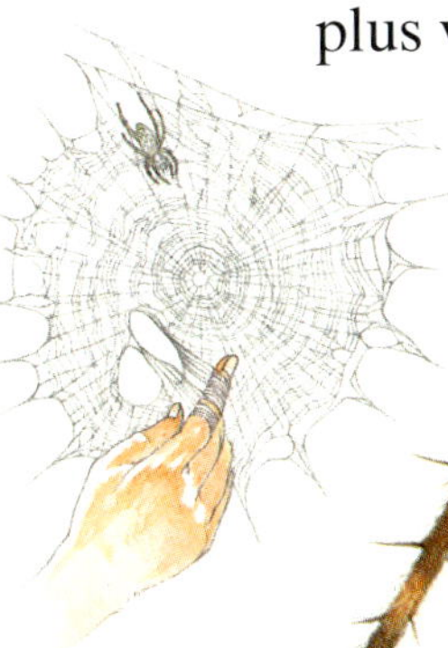

L'araignée sent les vibrations de l'air ou de sa toile avec les poils de ses pattes.

Quelle pêche !

L'araignée *Nephila* vit dans les pays chauds. Elle tisse des toiles si épaisses et si résistantes que les pêcheurs s'en servent pour fabriquer des filets.

Comment filer sa toile

Une araignée domestique met une heure à filer sa toile. Le mince fil de soie semble fragile mais il peut supporter 4 000 fois le poids de l'araignée !

1. L'araignée, aidée peut-être par la brise, tend d'abord un fil entre deux supports. Puis elle en tisse un autre et se laisse pendre au milieu.

2. Elle ajoute ensuite un troisième fil pour former un Y et tend des rayons à partir du centre.

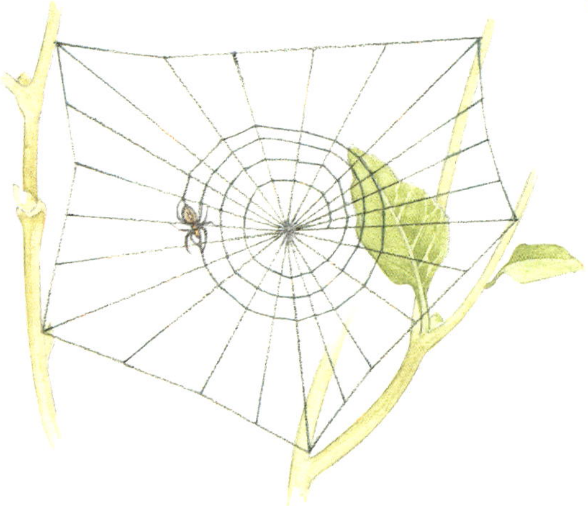

3. Puis l'araignée file en spirale, en s'écartant lentement et régulièrement du point central.

Les araignées doivent sans arrêt réparer leur toile trouée par les passages d'insectes.

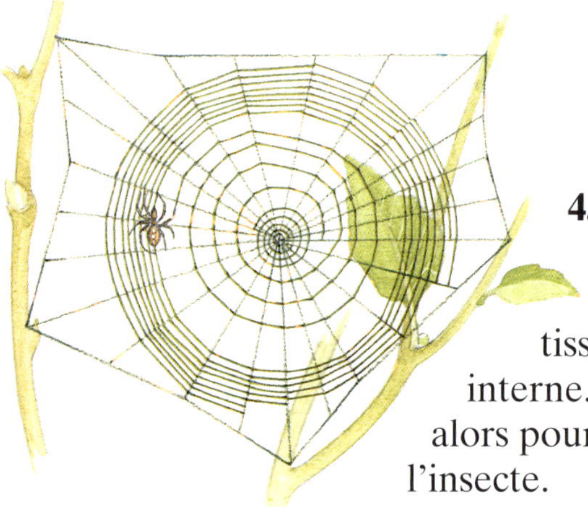

4. Enfin, elle revient au centre tisser la spirale interne. Elle s'installe alors pour attendre l'insecte.

Un coup de fil !
Les araignées passent leur temps à attendre, immobiles, une patte posée sur un fil qui leur sert de signal d'alarme. Quand la proie se pose sur la toile, l'araignée sent ce fil bouger et bondit aussitôt.

Index

L'araignée

Une petite main noire et poilue
crispée sur des cheveux
Toute la nuit, au nom de la lune,
elle appose ses scellés.

Histoires naturelles,
Jules Renard

Vilaines, les araignées ?
Pas tant qu'elles en ont l'air !
Pour t'amuser, Mandibule la tarentule,
a piégé dans sa toile des jeux,
des poésies et bien d'autres surprises !

Araignée-quizz

Pour chaque question, il n'y a qu'une seule bonne réponse !
Si tu hésites, aide-toi de ton livre. L'index à la page 29 te sera très utile.
Joue avec tes amis : sur une feuille, chacun marque le numéro de la question et la lettre de la réponse choisie. Chaque bonne réponse donne un nombre de points égal au numéro de la question.

1 Pourquoi l'araignée dessinée par Odilon Redon sur la page de gauche, est-elle imaginaire ?
A. Elle a 4 pattes en trop
B. Elle a 2 pattes en moins
C. Elle a 2 pattes en trop

2 Combien d'espèces d'araignées existe-t-il?
A. 8 000
B. 30 000
C. 60 000

3 La plus grosse araignée mesure...
A. 25 centimètres de long
B. 52 centimètres de long
C. 5 centimètres de long

4 Une araignée sauteuse peut bondir...
A. 5 fois sa longueur
B. 20 fois sa longueur
C. 40 fois sa longueur

5 Quand sa toile devient vieille, que fait l'araignée ?
A. Elle l'abandonne
B. Elle la mange
C. Elle la détruit

6 La tarentule femelle peut vivre au moins...
A. 1 an
B. 5 ans
C. 25 ans

7 La plupart des araignées ont...
A. 4 yeux
B. 12 yeux
C. 8 yeux

8 Par rapport aux femelles, les mâles sont le plus souvent...
A. Plus petits
B. De même taille
C. Plus grands

9 Les chélicères sont ...
A. Des filières à soie
B. Des crochets à venin
C. Des antennes de la tête

10 Quand l'araignée mue, elle sort d'abord...
A. Ses pattes
B. Son abdomen
C. Sa tête

11 Laquelle de ces araignées vit dans un terrier ?
A. L'araignée sauteuse
B. La mygale
C. L'araignée d'eau

12 Que mange l'araignée-banane ?
A. Des bananes
B. Des cafards
C. Des serpents-bananes

Réponses :
1C. 2B. 3A. 4C.
5B. 6C. 7C. 8A. 9B. 10B. 11B. 12B.

Histoire d'un fil

Un fil d'araignée, c'est résistant, léger et soyeux ! Au XVIIe siècle, François Bon Saint-Hilaire eut l'idée d'en tisser des bas et des mitaines. Louis XIV lui-même porta un gilet en fil d'araignée !

Connais-tu ces expressions ?

As-tu une araignée dans le plafond ? J'espère que non ! car cela veut dire être un peu fou ! Es -tu piqué de la tarentule ? Si oui, tu es très excité, agité, ou bien tu te passionnes pour quelque chose.

De néphile en aiguille...

La suite de l'histoire se passe dans les années 1900 à Madagascar. Là-bas vivent de merveilleuses tisseuses : les néphiles. L'invention d'une embobineuse automatique permit de récolter les fils de 24 araignées à la fois !

Un tissu de rêve

Les fils de néphiles, embobinés puis tissés, formèrent une voile de 5 mètres de long ! Cette pièce unique fut expédiée à Paris pour la grande exposition universelle. Hélas, elle moisit pendant la traversée !

L'araignée-baromètre

S'il doit pleuvoir ou venter, l'araignée renforce ou raccourcit les fils de sa toile. S'il doit faire beau, elle les allonge et les détend. Si elle consolide sa toile le soir, la nuit sera claire et belle. La veille des grands froids ou des tempêtes, elle se réfugie chez elle.

Un matériau d'avenir ?

Cette idée était-elle décidément stupide ? Ce n'est pas l'avis des chercheurs de l'armée américaine qui étudient à nouveau la question. A quand le gilet pare-balles en fil d'araignée ?

Supplément réalisé par Laurence Ottenheimer-Maquet

Illustrations de Robert Barborini

Ce sont aussi des araignées :

– un crochet de fer à plusieurs branches, pour retirer le seau d'un puits
– en boucherie, un morceau de bœuf utilisé pour faire des biftecks

Une araignée, c'est aussi...

– un poisson venimeux, la vive
– sur un bateau, un réseau de petites cordelettes placées à chaque extrémité du hamac
– un grand filet de pêche, rectangulaire à mailles carrées

La mouche qui louche

Chaque fois que la mouche qui
[louche
veut se poser au plafond
elle s'y cogne le front
et prend du plâtre plein la bouche

MORALITÉ
Pauvres mouches qui louchez
posez-vous sur le plancher

Jean Orizet

Editions Saint-Germain-des-Prés, 1978

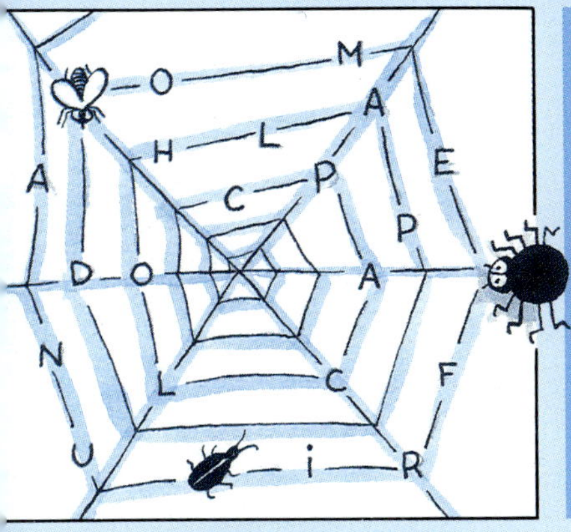

L'araignée gourmande

L'araignée choisit une à une dans sa toile les lettres qu'il lui faut pour composer son menu de la semaine : aide-la à écrire les noms de ses 3 proies. Barre au fur et à mesure au crayon les lettres que tu as prises dans la toile.

Rébus

Comptine sans fin

Un éléphant se balançait
Sur une toile d'araignée
Il y trouva tant d'agrément
Qu'il alla chercher un autre
éléphant...

Deux éléphants se balançaient, etc.

Devinette

L'araignée tisse, l'abeille bourdonne. Et la fourmi, que fait-elle ?
– Elle cro-onde, parce que la four micro-onde

Réponses :

L'araignée gourmande mange une mouche, un cafard et... un papillon
Rébus : la-raie-nid-haie-pont-dé-œufs-dent-1-coq-on = L'araignée pond des œufs dans un cocon

Une carte à malices

Voici une carte d'invitation ou d'anniversaire originale : l'araignée qui s'y blottit bondit dès qu'on entrouvre sa cachette !

1 Plie une carte mince (blanche ou de couleur) de 20 x 10 cm en deux.

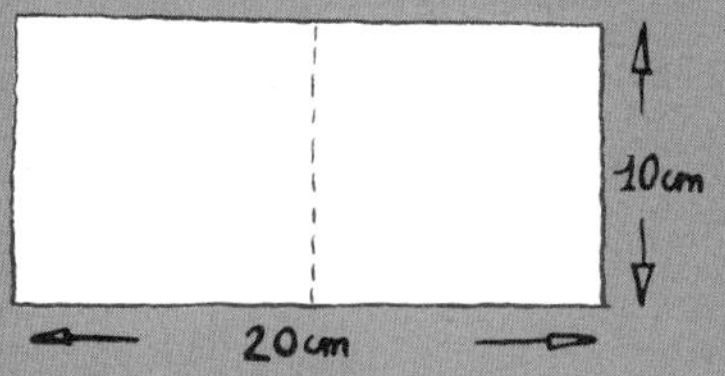

2 Maintenant, prends un autre carton de 30 x 10 cm, plie-le en deux et dessine cette araignée.

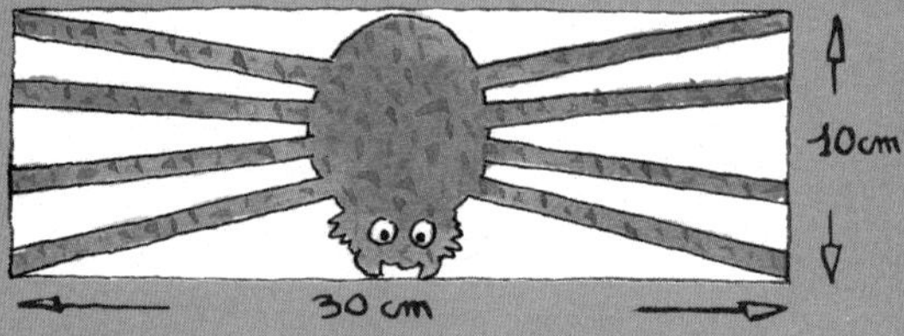

3 Plie l'araignée en accordéon en suivant le schéma ci-dessus. Les extrémités sont repliées vers l'intérieur. Maintenant, découpe ton araignée.

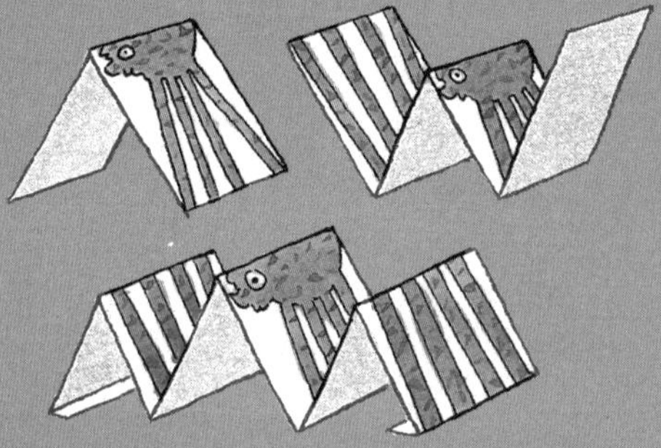

4 Colle les pieds de l'araignée à l'intérieur de la carte, en superposant bien le milieu du corps sur le milieu de la carte. Attention : l'araignée pliée ne doit pas dépasser de la carte.

Tu peux dessiner les yeux, des taches sur le thorax, des poils sur les pattes...

Araignée-mobile

Un bataillon d'araignées acrobates se balancent et tournicotent doucement au-dessus de ta tête. Pas de panique, elles ne descenden pas plus bas !

1 Fabrique tout d'abord au moins 8 araignées imaginaires : tu peux faire le corps en petite boule de pâte à modeler, en carton ondulé ou en mini pelotes de laine et les pattes en tiges nettoie-pipes, en élastiques multicolores, en fil de fer ou en allumettes. Pour les yeux, prends deux boules de pâte à modeler, des perles ou des punaises. Peins ces araignées avec tes couleurs préférées.

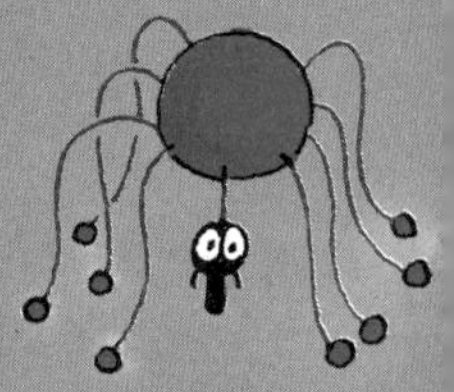

Mon corps est en pâte à modeler et mes patte sont des élastiques ave des petites perles au bo

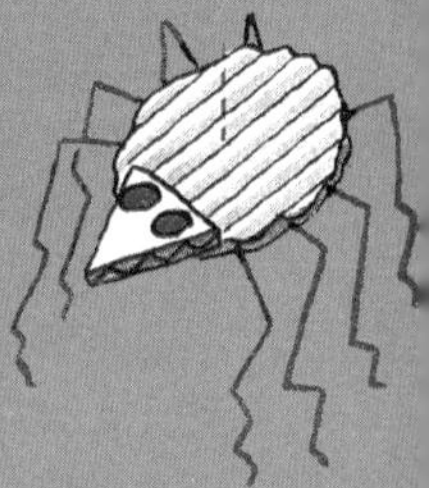

Découpe-moi en carto ondulé, puis ajoute me pattes en tiges nettoie pipes ou en fil de fer.

Voici quelques modèles d'araignées à suivre :

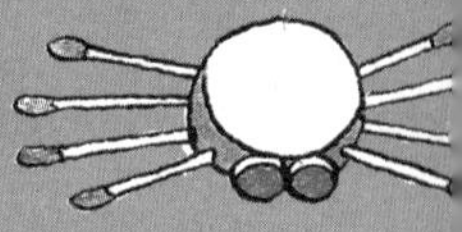

J'ai le corps en carton o en pâte à modeler, deu punaises pour les yeux des pattes-allumettes.

Je suis une balle de ping-pong ou une gomme avec des pattes en fil de fer.

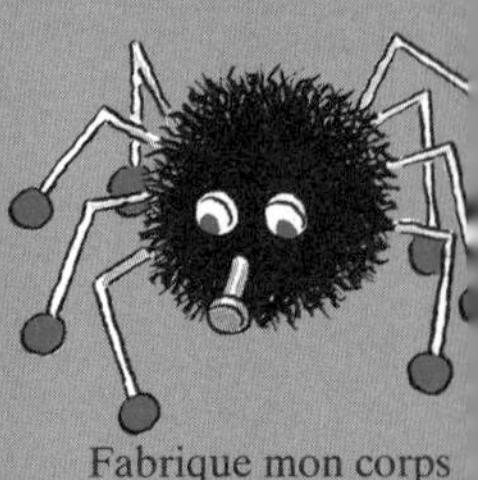

Fabrique mon corps en laine ébouriffée, mes pattes avec des tige nettoie-pipes et mes yeu avec deux perles.

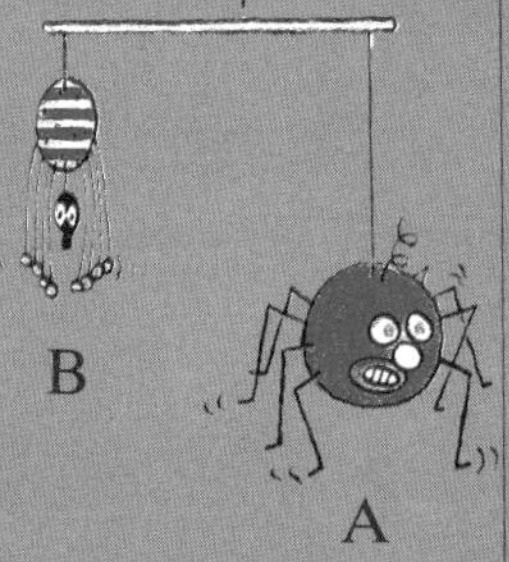

2 Fixe en croix deux :randes baguettes et ıspends à leurs ‹trémités d'autres aguettes plus petites ɔmme sur ce dessin. ;lisse ensuite chaque l, à l'aide d'une rosse aiguille à ɔudre, au centre e chaque araignée. laintiens le fil avec n ruban adhésif.

3 Pour que ton mobile reste en équilibre, il y a un secret : il faut trouver le point d'équilibre. C'est l'endroit où tu attaches le fil qui suspend la baguette. Si A et B ont le même poids, le point d'équilibre est au centre. Si A est plus lourd que B, le point d'équilibre sera un peu plus vers A.

Quand ton mobile est bien équilibré, suspends-le au plafond de ta chambre.

Le défilé des araignées

Maintenant que tu es devenu l'ami des araignées, promène-toi en leur compagnie : brode sur tes vieux habits ces petites bêtes à huit pattes.

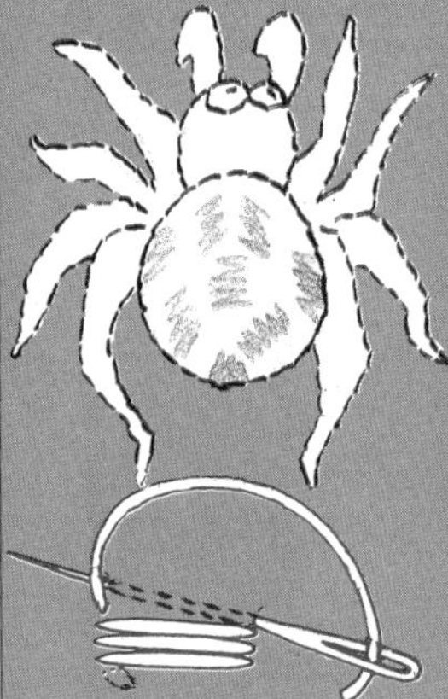

Décalque puis reporte le dessin de l'araignée sur un tee-shirt en coton uni ou sur un jean. Brode ton araignée au point de feston : tu prends 2 brins de laine pour le corps, 1 brin de laine pour les pattes.

Gare au balai !

Les joueurs sont assis en cercle sur des coussins ou sur des chaises. Chacun choisit un nom d'araignée : tarentule, mygale, veuve noire…

Un joueur-mouche est assis au milieu du cercle. Quand il crie : « tarentule et mygale, changez ! », ces deux joueurs doivent s'échanger leur place, tandis que la mouche se lève et essaye de s'asseoir à l'une des places. Si elle y arrive, elle est sauvée et prend le nom de cette araignée, qui devient alors la mouche. Sinon, il faut recommencer. Si la mouche crie : « Gare au balai ! », toutes les araignées doivent changer de place.

3 Tu sautes à la case 8. **7** Seul un 6 peut te sortir de ta sieste. **12** Tu tisses un coco

Le voyage des araignées

Chaque joueur choisit un pion-araignée et lance le dé. Celui qui a le plus grand nombre de points commence.

Le premier joueur lance le dé et avance son araignée du nombre de points indiqué. S'il tombe sur une case représentant une mouche, il avance à nouveau du même nombre de cases. S'il tombe sur une case numérotée en bleu, il doit suivre les instructions… mais attention, il y a des pièges !

a nuit tombe et tu pars à la chasse. Fais un détour par la case 10. **34** Tu bois la rosée des fleurs. Passe un tour. **37** Tu te précipites sur une guêpe empêtrée dans ta toile ! Avance de 2 cases.